Todos los libros de Linkgua Ediciones cuentan con modelos de Inteligencia Artificial entrenados por hispanistas. Pregúntale al chat de tu libro lo que desees acerca de la obra o su autor/a.

Para ebooks: Accede a nuestro modelo de IA a través de este enlace.

Para libros impresos: Escanea el código QR de la portada con tu dispositivo móvil.

Obtén análisis detallados de nuestros libros, resúmenes, respuestas a tus preguntas y accede a nuestras ediciones críticas generativas para una experiencia de lectura más enriquecedora.
La transparencia y el respeto hacia la autoría de las fuentes utilizadas son distintivos básicos de nuestro proyecto. Por ello, las respuestas ofrecen, mediante un sistema de citas, las fuentes con las que han sido elaboradas.

Pedro Calderón de la Barca

Las jácaras

Barcelona 2024
Linkgua-ediciones.com

Créditos

Título original: Las jácaras.

© 2024, Red ediciones S.L.

e-mail: info@Linkgua-ediciones.com

Diseño de cubierta: Michel Mallard.

ISBN rústica ilustrada: 978-84-9816-441-1.
ISBN ebook: 978-84-9953-285-1.

Sumario

Brevísima presentación

La vida

Pedro Calderón de la Barca (Madrid, 1600-Madrid, 1681). España. Su padre era noble y escribano en el consejo de hacienda del rey. Se educó en el colegio imperial de los jesuitas y más tarde entró en las universidades de Alcalá y Salamanca, aunque no se sabe si llegó a graduarse. Tuvo una juventud turbulenta. Incluso se le acusa de la muerte de algunos de sus enemigos. En 1621 se negó a ser sacerdote, y poco después, en 1623, empezó a escribir y estrenar obras de teatro. Escribió más de ciento veinte, otra docena larga en colaboración y alrededor de setenta autos sacramentales. Sus primeros estrenos fueron en corrales.

Lope de Vega elogió sus obras, pero en 1629 dejaron de ser amigos tras un extraño incidente: un hermano de Calderón fue agredido y, éste al perseguir al atacante, entró en un convento donde vivía como monja la hija de Lope. Nadie sabe qué pasó.

Entre 1635 y 1637, Calderón de la Barca fue nombrado caballero de la Orden de Santiago. Por entonces publicó veinticuatro comedias en dos volúmenes y La vida es sueño (1636), su obra más célebre. En la década siguiente vivió en Cataluña y, entre 1640 y 1642, combatió con las tropas castellanas. Sin embargo, su salud se quebrantó y abandonó la vida militar. Entre 1647 y 1649 la muerte de la reina y después la del príncipe heredero provocaron el cierre de los teatros, por lo que Calderón tuvo que limitarse a escribir autos sacramentales.

Calderón murió mientras trabajaba en una comedia dedicada a la reina María Luisa, mujer de Carlos II el Hechizado. Su hermano José, hombre pendenciero, fue uno de sus editores más fieles.

La jácara es uno de los géneros satíricos que se representaban en el entreacto de las comedias del Siglo de Oro en España. Se trataba de pequeñas composiciones, que podían ser bailes, loas o entremeses. Los personajes solían ser delincuentes, pícaros o gente del mundo del hampa y las obras mostraban cierto dominio de la jerga de los bajos fondos.

Las jácaras

Personajes

Mari-Zarpa
El Zurdillo
Mari-Pilonga
Sornavirón
El Ñarro
Zampayo
Un vejete
Doña Pizorra
El gracioso

Acto único

(Salen el Gracioso y el Vejete.)

Gracioso	Su enfermedad ¿no es más que esa locura?
Vejete	¿No es harta?
Gracioso	No, para tan grande cura.

Vejete ¿Cómo no, si la tema en que ahora ha dado
es en cantar con grande desenfado
jácaras noche y día?   5
En Castilla no hay ni Andalucía,
ni mujer libre ni rufián valiente
cuya vida en tonada diferente
no cante. Si azotaron en la costa
al Zurdillo; parece que fue aposta   10
solo porque se hallara
otra jácara más que ella cantara.
Si arrastrando la soga
trae el Ñarro, y se la enfalda donde ahoga,
cátale al Ñarro ya, que en dos instantes   15
su vida tiene puesta en consonantes.
Si a la vergüenza allá en Jerez sacaron
a la Pizorra y la desvergonzaron,
solo fue porque hubiera
otra jácara más que ella supiera.   20
Zampayo y la Pilonga,
Sornavirón, Añasco, Serrallonga...
De modo que ocupada

en esto solo una doncella honrada
tiene. ¡Ved! ¡qué devoto Flos sanctorum   25
libro de vidas, que es Flos latronorum!

Gracioso   ¿Ve vuesarced todo eso?
El seso cobrará o perderé el seso.
La gente que he traído
¿dónde está?

Vejete   Por ahí la he repartido.   30

Gracioso   Pues adiós: y hago usted lo que le he dicho,
y atención a una cura de capricho.

(Vase.)

Vejete   Ya ella viene tocando [...]
las castañetas.

(Sale Mari-Zarpa, tocando las castañetas.)

Vejete   Mari-Zarpa ¿cuándo
te has de cansar de andar toda la vida   35
entreteniendo, mal entretenida?

Mari-Zarpa   ¿Mal entretenimiento
es decir al compás deste instrumento...?

Vejete   Tente, espera, no cantes,
porque una maldición te he de echar antes:40
¡Plega a Dios, si cantares,
se te aparezca luego a quien nombrares,

quejoso a letra vista
de que seas infame coronista
de azotes y galeras,   45
de ladrones, de trongas y hechiceras!

(Vase.)

Mari-Zarpa	Aunque miedo me pongas de hechiceras, ladrones y de trongas, he de cantar: no temo tus razones. Dense a la maldición las maldiciones, 50 porque no fuera justo que cayera sobre mí por cantar desta manera:
(Canta.)	Con el fieltro hasta los ojos, con el vino hasta la boca, y el tabaco hasta el galillo, 55 pardo albañal de la cholla, columpiando la estatura y meciendo la persona, Zampayo entró, el de Jerez, en cas de Maripilonga. 60

(Salen Zampayo y la Pilonga.)

Zampayo	Si entré en casa de María, a vuesarced ¿qué le importa? Cada uno entra donde halla más agrado y menos costa.
Pilonga	¿Es puerto seco mi casa, 65 y es vuesa merced, señora, la aduana, que [...] saber

quién entra o sale le importa?

Mari-Zarpa   ¿Hay tan grande atrevimiento?
               ¡Dentro de mi casa propia   70
               se entran...!

Zampayo   Sí, pues no nos deja
               estar vuesarced en las otras.

Mari-Zarpa   ¡Padre! ¡Señor!

Zampayo   No dé voces,
               que aunque el mundo la socorra
               no nos verán.

Mari-Zarpa   [...] ¿Cómo?   75

Zampayo   Como hemos venido en sombra,
               solo a decir que no sea
               vuesa merced tan curiosa,
               que vidas ajenas cante
               pudiendo llorar la propia.   80

Pilonga   Y cada vez que a Zampayo
               o a mí nos tome en la boca,
               vendremos... Pero esto baste...
               A darla... Pero esto bonda.

Mari-Zarpa   Digo que en mi vida ya,   85
               por lo que a ustedes les toca,
               diré: «Esta jácara es mía».

	Pero bien...	
Los dos	¿Qué?	
Mari-Zarpa	Que sé otras;	
	que si ustedes están libres	
	y hasta aquí se entran agora,	90
	preso está Sornavirón	
	y no vendrá. Va su historia.	

(Vanse los dos.)

(Canta.)	Enjaulado está en Sevilla	
	Sornavirón el de Osuna,	
	por gavilán de talegos,	95
	por gato de cerraduras.	

(Sale Sornavirón, con prisiones en los pies y en las manos.)

Sornavirón	Si estoy enjaulado o no,	
	el diablo tuvo la culpa,	
	porque dio en chismoso el diablo	
	y fue a avisar a la gura	100
	de que sin armas estaba	
	envainado en la bayuca.	
	Que a estar con ellas, volviera	
	turbada toda la turba.	
	Demás de que estar el hombre	105
	enjaulado, no es injuria;	
	que enjaulado está un león.	
	Solo lo que ahora me atufa	
	es que vusted me discante	

los casos de mi fortuna: 110
y así, ¡voto a lo que voto!,
que si otra vez me pernuncia
el nombre, que la he de hacer
que me sueñe y no me gruña.
Que soy muchísimo hombre   115
para andar escrito en burlas.
El Zurdillo podrá ser
que lo agradezca a las musas,
que es vano: cánteme dél,
si quiere templar mi furia,   120
que quiero oír [...] como sabe
mi historia, sabe la suya.

Mari-Zarpa   Si vienes a oírme cantar,
                dime: ¿para qué me asustas?

Sornavirón   Para que soy visión.

Mari-Zarpa   Pues,   125
                visión de buen gusto, escucha.
(Canta.)   Al Zurdillo de la Costa
                hoy otra vez le azotaron,
                con que tienen dos jubones
                papales como zapatos.   130

(Sale el Zurdillo, de cautivo.)

Zurdillo   La primera vez, mi reina,
                fue por un testigo falso,
                y la segunda por otro,

si bien no mintieron ambos.

Sornavirón	¿Oye usted? Ahí se la dejo:	135
	riña con ella otro rato.	

(Vase.)

Zurdillo	Padecí, porque no estuvo	
	en mi mano el remediarlo	
	la vez primera, y la otra	
	[...] estuvo en ajena mano,	140
	y...	

(Amenázala.)

Mari-Zarpa	Tenga vusted la zurda,	
	porque es dos veces agravio	
	y vuélvase a su galera.	
	Que no es bien que un hombre honrado	145
	sin licencia haya venido,	
	a su obligación faltando.	
	Que yo le doy mi palabra	
	de no cantar sus trabajos.	

Zurdillo	Yo lo aceto: y hará bien.	
	Que solo es bueno ese canto	150
	allá para la Pizorra,	
	que ha que pasó muchos años.	

Mari-Zarpa	En extremo le agradezco	
	que me lo haya acordado,	
	que con eso cantaré	155

                         sin que venga a darme espanto.

(Vase Zurdillo.)

(Canta.)   Con mil honras, vive Cristo,
                  me llaman Doña Pizorra.
                  Que si en Jerez me azotaron,
                  me azotaron con mil honras.   160

(Sale Doña Pizorra, con locas largas, cantando.)

                  Por lo menos no me vieron
                  en las espaldas corcova,
                  ni dijo esta boca es mía
                  al levantar de la roncha.

Mari-Zarpa   ¡Jesús mil veces! ¡Qué miro!   165
                  ¿De dónde sales agora?

Doña Pizorra   De mi buen retiro salgo,
                  no porque cantes mi historia,
                  sino porque diga en ella
                  más adelante la trova   170
                  que fui moza de servicio,
                  no habiendo yo sido moza.
                  Por lo cual, otra vez que
                  te acuerdes de mi persona,
                  te llevaré por los aires   175
                  desde aquí a Constantinopla.

(Vase.)

Mari-Zarpa	No soy amiga de andar
	en mal seguras tramoyas,
	haciendo ángeles en unas
	y haciendo diablos en otras.
	En fin, de ninguno canto	180
	que no se aparezca en sombra.
	Mas si están vivos, ¿qué mucho
	que hasta aquí se entren agora?
	Ahorcado está y enterrado
	el Ñarro: ¿qué me acongoja?	185
	Si yo no he de reventar
	y él no puede venir, oigan:
(Canta.)	Cansose el Ñarro de Andújar
	que es aliñado en extremo,
	de traer la soga arrastrando	190
	y enfaldósela al pescuezo.

(Sale el Ñarro, con una soga al pescuezo y un palo a manera de horca.)

El Ñarro	Hice muy bien de enfaldarla,
	que era grande desacierto
	andar en mi misma soga
	tropezando por momentos.	195

| Mari-Zarpa | ¡Válgame el cielo! ¡Qué miro! |
| | ¿Muerto vienes? |

El Ñarro	Muerto vengo,
	que tu voz sola pudiera
	hacer levantar los muertos.
	Y no vengo yo a quejarme	200

como esotros majaderos,
sino a darte muchas gracias
del honor que por ti tengo.
¿Quién se acordara de mí
si no fuera por tu acento?   205
¿Ni qué más honra un ahorcado
tiene que el andar en versos?
Entiende que cada vez
que me hagas sufragio dello,
te he de hacer una visita.   210

Mari-Zarpa   Agradecido esqueleto,
nadie negoció conmigo
mejor que tú, ni más presto
que no cantara su historia,
Pues ya cantaré primero   215
de la Pilonga, y Zampayo,
de Sornavirón el fiero,
del Zurdillo y Añasquillo
y, la Pizorra los hechos,
que a ti te tome en la boca.   220

(Salen todos, como han salido.)

Todos   ¿Qué nos quieres?

Mari-Zarpa   Nada os quiero.

El Ñarro   En nombrándonos, es fuerza
que vengamos al momento.

Mari-Zarpa	Ahora no os nombré cantando.
El Ñarro	Ni aun rezado queremos 225 que nos tomes en la boca.
Mari-Zarpa	Desa suerte lo prometo.
Todos	¿Das esa palabra?
Mari-Zarpa	Sí.
El Ñarro	Pues afuera el embeleco. ¡Barahúnda! Ya está sana 230 Mari-Zarpa.
Mari-Zarpa	¿Cómo es esto?

(Sale el Vejete.)

Vejete	Como yo, para quitarte tan mala maña, lo he hecho.
Mari-Zarpa	¿No son visiones?
Todos	No.
Mari-Zarpa	Pues a mis jácaras [...] vuelvo 235

(Bailan un baile o cantan algo.)

Fin

Libros a la carta

A la carta es un servicio especializado para
empresas,
librerías,
bibliotecas,
editoriales
y centros de enseñanza;
y permite confeccionar libros que, por su formato y con-
cepción, sirven a los propósitos más específicos de estas ins-
tituciones.

Las empresas nos encargan ediciones personalizadas para
marketing editorial o para regalos institucionales. Y los in-
teresados solicitan, a título personal, ediciones antiguas, o
no disponibles en el mercado; y las acompañan con notas y
comentarios críticos.

Las ediciones tienen como apoyo un libro de estilo con
todo tipo de referencias sobre los criterios de tratamiento ti-
pográfico aplicados a nuestros libros que puede ser consulta-
do en Linkgua-ediciones.com.

Linkgua edita por encargo diferentes versiones de una
misma obra con distintos tratamientos ortotipográficos (ac-
tualizaciones de carácter divulgativo de un clásico, o versiones estrictamente fieles a la edición original de referencia).

Este servicio de ediciones a la carta le permitirá, si usted
se dedica a la enseñanza, tener una forma de hacer pública
su interpretación de un texto y, sobre una versión digitaliza-
da «base», usted podrá introducir interpretaciones del texto
fuente. Es un tópico que los profesores denuncien en clase
los desmanes de una edición, o vayan comentando errores de
interpretación de un texto y esta es una solución útil a esa
necesidad del mundo académico.

Asimismo publicamos de manera sistemática, en un mismo catálogo, tesis doctorales y actas de congresos académicos, que son distribuidas a través de nuestra Web.

El servicio de «libros a la carta» funciona de dos formas.

1. Tenemos un fondo de libros digitalizados que usted puede personalizar en tiradas de al menos cinco ejemplares. Estas personalizaciones pueden ser de todo tipo: añadir notas de clase para uso de un grupo de estudiantes, introducir logos corporativos para uso con fines de marketing empresarial, etc. etc.

2. Buscamos libros descatalogados de otras editoriales y los reeditamos en tiradas cortas a petición de un cliente.